유은경

달은 이제 어디로 가나

애지디카시선 010
달은 이제 어디로 가나
2024년 11월 5일 초판 1쇄 발행

지은이 유은경
펴낸이 윤영진
기획편집 함순례
홍 보 한천규
펴낸곳 도서출판 애지
등록 제 2005-000005호
주소 34570 대전광역시 동구 대전천북로 12
전화 042 637 9942
팩스 042 635 9941
전자우편 ejiweb@hanmail.net
ⓒ유은경 2024
ISBN 979-11-91719-32-1 03810

* 저자와의 협의에 의해 인지를 생략합니다.
* 이 책 내용의 전부 또는 일부를 재사용하려면 저자와 애지 양측의
  동의를 받아야 합니다.

예지디카시선010

달은 이제 어디로 가나

유은경 디카시집

시인의 말

가슴 뛰는 일을 만나서
날마다 발바닥이 간지럽다.

길을 걷는 동안
계절이 여러 번 바뀌고 서랍엔 디카시가 쌓였다.

다른 사람을 위해 쓴다고 믿었는데
나를 위해 써왔구나, 깨닫는다.

2024년 가을

유은경

■ 차례

시인의 말 005

1부 꽃도 다 때가 있응게

아버지 012
아들 014
어떤 부부 016
아득한 길 018
그 집 앞 020
맛나 포차 022
등짐 024
사춘기 026
원형탈모 028
자유를 다오 030
안과 밖 032
이런 상상 034
나에게 036
어느 날 문득 038

2부 너무 늦게 보았다, 당신 가슴에 구멍

어머니 042
그들 앞의 생 044
얼음 베개 046
아무르표범 048
알인가? 050
상쾌한 모자 052
저 알을 따다가 054
머리가 띵 056
기차역 058
오래된 노래 060
비밀은 없다 062
아늑한 밥상 064
파에게서 온 편지 066

3부 꿈을 그리며 꿈을 닮아간다

브레이크는 진작에 고장났어 070

산책 072

도깨비 074

톡, 까놓고 얘기해 보자 076

어린이집 078

달은 이제 어디로 가나 080

도그카페 082

우울한 날엔 084

욕심입니까 086

웃음소리 088

내가 나를 만나는 날 090

겨울 열매 092

오늘을 산다 094

드로잉 096

4부 누구나 해맑은 아이가 되는 세상

봄 마중 100
다시, 봄 102
할머니는 말씀하셨지 104
현대인 106
너라는 세상 108
새로 태어나 110
새물내 물씬해요 112
달걀 꾸러미 114
노란띠 116
미술관 옆 공사장 118
괜한 걱정 120
엄마한테 가자 122
경미 언니 124
세상에 하나뿐인 사진 126

1부
꽃도 다 때가 있응게

아버지

쉴 짬이 있간디
꽃도 다 때가 있응게
싸게싸게 댕겨야 식구들 멕여 살리지
어린것들 입에 밥 들어가는 거 보면
안 먹어도 배부르구만

아들

그 속을 도무지 모르겠다

대답은 네네 하면서도

반대로만 하는

어떤 부부

삼십 년째 사는데

마주 보면 아직도

가슴 뛴다고 한다

신기하기도 하지

아득한 길

목말라

다리 아파

배고파

어린 딸 업어주던 아버지

어디쯤 걷고 있을까

그 집 앞

한 사람이 빠져나간 뒤

폭삭 늙어버렸다

휑한 마음 자꾸만 내려앉는데

눈치 없이 쑥쑥 뻗어 오르는 그리움

맛나 포차

어떤 맛일까?

주문할 때 침방울 좀 튀겠는걸

꼭 한번 먹어보고 싶다

등짐

울음도

노래도

속 시원하게 풀어놓아야 한다

그래야 산다

사춘기

날 좀 내버려둬요, 제발!

원형탈모

침 맞고

한약 먹고

발모 샴푸로 머리 감은지 두 달째

솜털이 돋는다 새싹처럼

두근두근 돋는다

자유를 다오

내가 널 못 놓는 건지

네가 날 안 놓는 건지

너무도 질긴 줄

안과 밖

얘, 우린 얼마짜리일까?

이런 상상

전봇대만 하다면

한 개비가 10kg이라면

한 갑에 백만 원이라면

불붙이는 데 꼬박 열흘 걸린다면

나에게

너무 완벽해지려고 애쓰지 마

살면서

이런 틈 몇 개 두어도

괜찮아

어느 날 문득

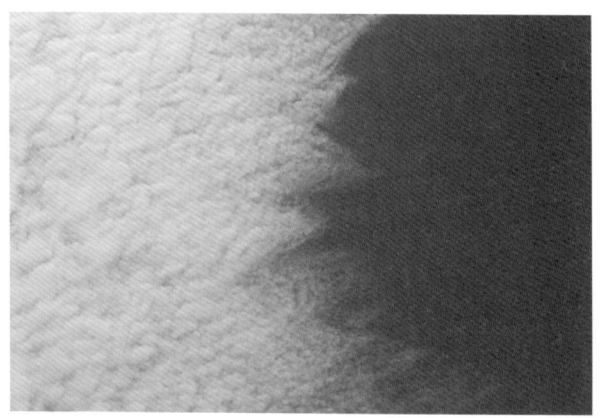

땅만 보고 걸어왔다

땀 뻘뻘 흘리며

머리 위에서

파도가 철썩이는 줄도 모르고

2부
너무 늦게 보았다, 당신 가슴에 구멍

어머니

삼복더위에도 발이 시리다고 했다
나는 양말을 신으라고 했다
왜 이렇게 춥냐, 할 때마다
보일러 아끼지 말라고 했다

너무 늦게 보았다, 당신 가슴에 구멍

그들 앞의 생

집 비워달란 소리 안 들어서 좋다

월세 올려달라 안 해서 좋다

층간소음쯤은 아무래도 괜찮아

태풍에도 끄떡없는 방 한 칸

얼음 베개

곤하게 자는 널 보며

나는 왜 이렇게 미안한지

네 꿈만은 부디 따듯하기를

아무르표범

나비인가, 꽃인가?

아니 아니 저 눈빛

오래전 한반도를 누비던

돈점박이 눈빛

알인가?

흰뺨검둥오리가

발로 슬쩍 건드려보고

부리로 살살 두드려보고

상쾌한 모자

머릿속이 복잡할 때

설거지한 그릇처럼 말끔해지는

그런 모자 하나 있었으면

저 알을 따다가

혼자 놀고 있는

우리 꼬꼬한테 갖다주면

소중히 품을까, 쪼아먹을까

제 친구 꼬끼요한테 선물하려나?

머리가 땅

찻길 넓히고

유리 방음벽 세웠으면

조심해서 다니라고

종잇조각이라도 붙여놨어야죠

얼마나 더 부딪쳐야 하냐고요!

기차역

열차가 들어옵니다

손님 여러분께서는

초록 선 안으로 한 걸음

물러서 주시기 바랍니다

오래된 노래

돌아보면 반짝이는 시절 있었다고

아까 한 얘기 하고 또 하고

입이 마르도록

비밀은 없다

둘만 알기로 한 비밀도

언젠가는 입을 뚫고 나온다

걷잡을 수 없이 무성해진다

둘 사이를 무너뜨린다

아늑한 밥상

쫓기고 상처받고 슬피 울다가도

이곳에 앉으면 잔잔해져요

말랑말랑해져요

당신 덕분에

파에게서 온 편지

너만의 웃음을 웃고

너만의 노래 부르고

너만의 춤을 추며

생긴 대로 살아

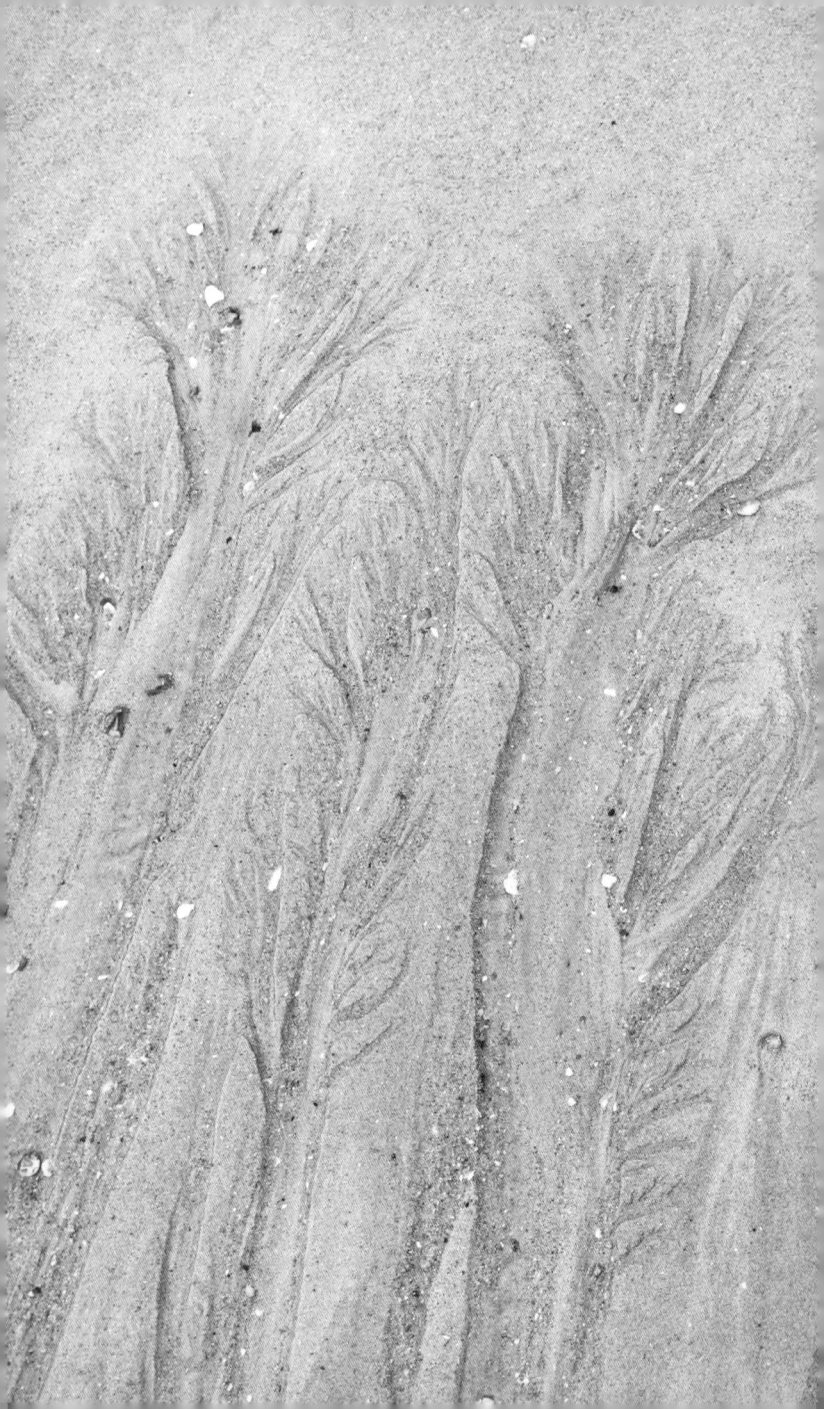

3부
꿈을 그리며 꿈을 닮아간다

브레이크는 진작에 고장났어

몰라줘도 괜찮아

붙잡아도 소용없어

너에게 달려가는 내 마음

산책

사박사박 거니는 두 씨네 부부

첫눈에서 박하 향이 난다고

콧속이 화~하다고

도깨비

밤이 깊었다

메밀묵 한 덩이 먹고

씨름 한판 하러 가야겠다

오늘은 어떤 김 서방을 만나려나

톡, 까놓고 얘기해 보자

이제 보이냐, 내 맘?

어린이집

문 앞에서 여러 날

기다렸다

기다리면 올까?

달은 이제 어디로 가나

이렇게 추운 날 집이 타버려서

혼자 울고 있으면 어쩌나

아하, 우리 집으로 오라고 해야지

밤새도록 신나게 놀아야지

도그카페

맘에 쏙 드는 말 써놨다고

꼬리를 살랑살랑

하지만 꼭 그러지 않아도 된다고

꼬리를 살랑살랑

우울한 날엔

오늘 기분 어때?
맑음!
이런 날 일 년에 며칠이나 될까 하며
먹구름 가득한 하늘을 보네
비 온 뒤 맑음도 좋겠네

욕심입니까

난로 앞에 앉아

따끈한 차 한잔 마시고 싶어요

웃음소리

그 가족은 어쩜 웃는 것조차 닮았어

웃음이 막 굴러다니더라고

보기 드문 웃음이라

한참 돌아보게 되더라고

내가 나를 만나는 날

아무도 오지 않는 날

아무도 기다리지 않는 날

겨울 열매

새들이

오며 가며 목 축이라고

짤그랑짤그랑 여물어갑니다

오늘을 산다

잡았다!

발끝까지 찌릿하다

재빨리 넣는다

오늘이라는 주머니에

드로잉

꿈을 그린다

어제는 노을이 되는 꿈

오늘은 나무가 되는 꿈

꿈을 닮아간다

4부
누구나 해맑은 아이가 되는 세상

봄 마중

거 봐,

모자 쓰고 나오길 잘했지?

봄은 밀물 썰물 같아서

우르르 달려오는 것 같다가도

주춤주춤한다니까

다시, 봄

그대가 부르는 콧노래

꽃이 흥얼흥얼 따라 부르네

주변이 문뜩 환해지네

할머니는 말씀하셨지

야야, 밥 먹다 크게 웃으면 못써

밥알이 사방에 튀잖냐

웃고 나서 먹든가

먹고 나서 웃든가 해야지

현대인

갈 길 바쁜 너와 내가 마주쳤지

인사도 제대로 못 나눴지

또 봐, 하며 지나치고 말았지

너라는 세상

그윽한 향기가 온다

꼬무락꼬무락 웃으며

어서 와, 아가!

새로 태어나

넌 아직 어려

엄마는 붙잡고

난 모든 게 궁금해요

아이는 파닥거리고

새물내 물씬해요

먼 길 떠나기 전

어머니,

당신이 지어놓은 꽃 이불 덮고 오늘 밤

사부작사부작 만나러 갈게요

달걀 꾸러미

은근한 불에 오래 구웠다며
쓱 내민다
한 알씩 꺼내 먹으라고
갱년기엔 잘 챙겨 먹어야 한다고
너는 씩 웃는다

노란띠

길 가다 멈춰서 품새 연습

몇 걸음 가다 또 멈추어 기마자세

허잇!
머릿속엔 온통 태극 1장

미술관 옆 공사장

길가에 돌덩이도 풀꽃도

예술로 보인다

저 설치미술을 통해 작가는

무슨 얘길 하고 싶었을까?

괜한 걱정

한 집에 아홉 식구라니
복닥복닥 아옹다옹하겠네
빵빵하게 영글겠네
서리 내릴 무렵이면 저 집
펑! 터져버릴지도 몰라

엄마한테 가자

작고 보드라운 손을 잡으면

누구나

해맑은 아이가 되는 세상

그런 세상

경미 언니

이제껏 곧게 살려고 애썼지

그게 최선이라 믿었는데

좀 구부러져도 괜찮겠더라고

너무 곧으면 재미없잖아

하면서도 재미없게 사는 경미 언니

세상에 하나뿐인 사진

사진 한 장 찍어주시겠어요?

오랜만에 우리 가족

나들이 나왔거든요

예쁘게 찍어주세요

애 지 디 카 시 선

허수아비는 허수아비다   복효근 디카시집

고단한 잠   김남호 디카시집

우주정거장   이시향 디카시집

무죄   오정순 디카시집

가장 좋은 집   박해경 디카시집

꽃 트럭   이태희 디카시집

수신되지 않은 말이 있네   유은희 디카시집

의자들   문영숙 디카시집

이슬의 눈   황기모 디카시집